I Narratori / Feltrinelli

STEFANO BENNI
LE BEATRICI

Feltrinelli

© Giangiacomo Feltrinelli Editore Milano
Prima edizione ne "I Narratori" gennaio 2011

Stampa Nuovo Istituto Italiano d'Arti Grafiche - BG

ISBN 978-88-07-01831-2

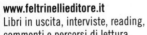

www.feltrinellieditore.it
Libri in uscita, interviste, reading,
commenti e percorsi di lettura.
Aggiornamenti quotidiani

razzismobruttastoria.net

Le Beatrici

Monologhi teatrali
e poesie varie

Beatrice

*Una ragazza vestita con un bell'abito me-
dioevale sta leggendo i tarocchi su un tavolino.
Canta:*

"Fior di vaniglia
Il tempo passa e nessuno mi si piglia
Si sposan tutte quante
E a me mi tocca di aspettare Dante".

[*con lieve accento toscano*] Oh, è curiosa la
vita nel Medioevo. Che poi Medioevo lo dite
voi, io dico milleduecentottantaquattro, poi voi
lo chiamerete come vi pare, le epoche gli si dà
nome dopo. Le dittature, ad esempio, se ne parla male solo dopo, intanto tutti se le puppano.
Volete vedere?
Io sono Beatrice che il futuro predice, leggo
le carte quindi so tutto del futuro. In quanto agli
anni che vivete voi adesso... [*guarda le carte*]

Madonna nana, neanche c'è un nome per chiamarlo, quello lì... ragazze, girategli alla larga a codesto puttaniere. Ma non devo parlar di politica, che ci si mette nei guai. Canappione gliene stanno capitando di tutti i colori coi guelfi e i ghibellini e i bianchi e i neri e così via...

Chi è Canappione? Scusate, io l'Alighieri lo chiamo così, mia madre dice "non t'azzardare che è un grande poeta importante", però c'ha grande e importante pure il naso, via, c'ha un becco che pare una poiana, pare... una caffettiera, anche se non è ancora stata inventata.

Insomma, lui fa il poeta ma inveisce e si incazza e mette tutti all'inferno, e ce l'ha con Pisa e con Arezzo, e con i papi e con gli arcivescovi. Mi sa che prima o poi lo fanno fuori, lo metton fuori dal palinsesto a legnate.

Mi dispiacerebbe?

[*sottovoce al pubblico*] Oh, lo dico a voi in confidenza. Io a quello non lo sopporto.

Mi ha visto la prima volta che c'avevo otto anni, lui nove, mica mi ha detto "si gioca insieme, ti regalo un gelato...", no, c'ha fatto dieci poesie di duemila versi, il piccino.

Ci siamo incontrati solo una volta l'anno scorso, c'avevo diciotto anni, e da allora sparito, di nebbia.

Gli è timido, dicono. E poi tutti a aggiungere "quanto sei fortunata! Quello è un poeta, ti dedicherà il capolavoro della letteratura italiana, ti renderà famosa, è come... come... uno sponsor... sponsor è una parola latina, non inglese. Sai quante vorrebbero esser cantate da lui?".

Va be', ma io sono una donna, mica una serenata...

Mica posso aspettare che abbia finito il capolavoro e che mi abbia angelicato e intanto io buona e zitta. A diciannove anni al Medioevo si è già in anticamera da zitelle. Mica si ha il lifting e gli antibiotici e l'aerobica, noi. A venticinque anni, zitelle e carampane, o tisiche, o magari ti capita un casino come Giulietta, tac, secca a quindici anni poverella, o come Ofelia.

Lo vedo io nelle carte cosa succederà [*si rabbuia*], magari muoio a venticinque anni, qui c'è scritto che sarà così.

E intanto devo star qui ad aspettare il vate... che neanche suona bene come frase...

Oltretutto, bello non è. Mi passa a venti metri, lo vedo che mi guarda, sospira, si gratta il becco, ma mai che si facesse avanti. O vien più tosto, Dantino mio. E fammi, che ne so, un regalino, un anellino, va be', non mi puoi invitare al cinema, si va a vedere la piena dell'Arno...

Dicono "sii paziente, gli è un poeta, ti regala i suoi versi".

Eh, una bella fava!

Già ne ha scritto uno, di verso, che te lo raccomando:

TANTO GENTILE E TANTO ONESTA PARE.

Certo che il letterato capisce che PARE sta per APPARE.

Ma quelli del borgo San Jacopo, quando passo, li sento: "Guarda la Bea, la Beatrice Portinari... sai che c'è? Tanto gentile e tanto onesta... PARE".

E giù che ridono. Bel servizio mi ha fatto, la Poiana canappiona.

Oh, sentite questi versi:

"Beatrice tutta ne l'etterne rote
fissa con li occhi stava; e io in lei
le luci fissi, di là sù rimote.
Nel suo aspetto tal dentro mi fei,
qual si fé Glauco nel gustar de l'erba
che 'l fé consorto in mar de li altri dèi".

Oh... io che guardo fissa, le rote di che? Una scema sembro... NEL SUO ASPETTO TAL DENTRO MI FEI, mi fei... ti fei cosa? E 'sto Glauco che bruca l'erba, ma chi è? Un caprone?

Te l'immagini uno che torna a casa tutte le sere e ti parla così? "Mi fé, che mi fei, che hai fetto oggi?", "cosa si fé stasera...?".

È che nel Medioevo noi si deve far quello che vogliono i genitori.

Se mi sente parlare così il mi' babbo banchiere, vado in convento.

Perché nel Medioevo, belline mie, se non si va d'accordo con babbo e mamma mica ci si impasticca, mica si va all'estero con l'Erasmus, mica dallo psicoanalista, mica in college. Noi si va di corsa in convento, capito?

E poi 'sti poeti son dei begli ipocriti, se ne scelgono una da angelicare e poi vanno a troie. Tutti via a Prato, al bordello della Mara, e sai che versi.

Come i politici vostri, evviva la famiglia, i valori cristiani, e poi tutti a trombare in giro.

Io invece tanto gentile e onesta devo parere. Devo camminare a occhi bassi. Mi sono guardata tutte le merde di cane da casa mia a piazza Santa Maria Novella.

Però ho imparato a camminare così, vedete [*fa tre o quattro passi*]...

Tengo gli occhi bassi, poi li alzo come vedessi... una visione, il paradiso, le alte rote, la madonnina, e invece di sguincio butto l'occhio.

E guardo i ragazzi.

E vedo Battistone, quello che gioca al pallone, sì, il calcio fiorentino.

Adesso è un gioco clandestino, ma tra cent'anni lo conosceranno tutti.

Battistone è un metro e novanta, due spalle, due occhioni!

Col corpetto viola col giglio. E sapete che adesso ci sono quei pantaloni attillati che... si vedono certe... abbondanze dentro... poi certo, uno può simulare, ci può infilare un calzino o una bottiglia di sidrone... sì, di sidrone, è la Coca-Cola medioevale... ma il Battistone è tutta roba sua, lo so per certo da un'amica mia.

Perciò, o il Canappione Alighieri mi si dichiara, mi fa vedere il sette e quaranta, mi assicura che 'sta... commedia che sta scrivendo avrà un certo successo, e soprattutto mi vien giù di regalino, di anellino o collana o gemmula, oppure io una di queste notti mi metto il mantello e scappo di casa.

Vo in Santa Croce dove si allenano di nascosto, vado dal Battistone e gli dico "ciao bellino, sono la Beatrice, quella cantata da Dante, dai che tra noi ragazze famose e voi calciatori c'è sempre *feeling*...", e lui, bello ma un po' rozzo, mi dirà "che cazzo vuol dire *feeling*", e io gli dirò "vieni, vieni, mio bel ganzo, vieni che ti porto sotto il ponte all'Arno e te lo spiego".

Che per descrivere quello che succede poi non ci vuol Dante, ci vuol l'Aretino. [*ride*]

Non sono angelicata? Non sono seria?

E chi l'ha detto che devono scegliere loro? Basta col poeta che si sceglie la donna ispiratrice, d'ora in avanti i poeti ce li scegliamo noi. Tu a me non mi canti. Mi faccio cantare dal De André. Va bene?

Anzi, mi faccio cantare dal Battistone che fa delle belle serenate con tre rime ma sincere, c'ha cuore e c'ha pure il sidrone. [*guarda alla finestra*] Ma guarda che bella luna, chissà l'Arno come brilla e io sono giovane e bella e c'ho voglia di esser libera. Sai che dico? [*si mette un mantello*] Io esco stanotte, che magari domani mi fanno sposare Canappione o un altro notabile che non mi piace e schiatto al primo parto.

Vai, Beatrice, che è una bella notte avventurosa.

Poi l'ha scritto lui, no?

Tanto gentile e tanto onesta... PARE. [*Esce e canta:*]

"Fior di prugnola
Le mie poesie me le scrivo da sola...".

Amour Monet
(poesia d'amore, ponte e fondale romantico)

Signore, lei disse, se io mai dovessi
Un giorno uccidermi per pena di amore
Lo farei qui tra ninfee bianche e rosa
Lo farei qui in quest'acqua vischiosa

Perché signore freddo è il mio cuore
E più non so se è capace di amare

Madame, lui disse, su non scherzate
Vorrei essere il vostro girasole
A voi rivolgermi col fuoco d'amore
E farvi ardere ed arrossire

Perché da tempo non provo più amore
E di essere capace vorrei ritornare

Così dicendo sul ponte arrivarono
Lui la sfiorò lei si scostò
Lei resistette lui la baciò
Lei si negò poi si avvinghiò

O dolce lotta o erotica prova
Su un piccolo ponte, scomoda alcova

Amor li avvinse amor li spinse
Il parapetto sottile crollò
E si scoprì che sapevano amare
Ma nessuno dei due sapeva nuotare.

La mocciosa

Entra una ragazzina con i tacchi troppo alti e uno zainetto rosa. Parla a un cellulare da cui pendono decine di gadget.

Ciao bella Deborah... sono l'Angie... te ne devo dire una da urlo... guarda, la vita ha proprio il telecomando, non sai mai quale tasto premerà, se un horror o un harmony... certo che te lo racconto, bella, stavo per andare a vedere i saldi di Dolce-e-Gabba quando chiama la Fede, la Federica, sì, la culona sgrausa, guarda, giuro piangeva che non si capiva cosa diceva... certo, non si capisce cosa dice neanche quando non piange... sarà l'apparecchio per i denti o che è scema?... tutte e due le cose, secondo me... be', mi dice [*con voce masticata*] "Angie, Kefin m'ha laffiato"... Come? "M'ha laffiato, non ftiamo più infieme, ha fiolto il lucchetto"... Come? "Ci fiamo laffiati, caffo!" ...Ah, capisco, che brutta cosa, si sono mollati lei e Kefin, che poi sarebbe Kevin, quello che si è depilato le sopracciglia alla Fiorello, quello che si mette il gel sui peli del petto, però come piangeva, povera Fede, guarda Deborah, io penso che quando finisce una storia è come quando viene il tramonto sulla spiaggia verso la fine dell'estate... e Fede diceva "vieni fubito o mi fuicido"... e io rispondo "certo, vengo, sei la mia più cara amica... prima però faccio un salto ai saldi di Dolce-e-Gabba, poi vengo", e lei "no, fubito fubito", allora va bene, vado fubito, ma pensa che cosa brutta, stavano bene quei due insieme, proprio due cuori e un cielo azzurro su di loro, lei era appena uscita da una brutta storia con uno stronzo tamarro con un pit bull che voleva fare le robe a tre... ma dai, capirei con un lassie, ma un pit bull quello mozzica... insomma, lui era appena uscito da una storia con una troia isterica, non ricordo chi era... ah, eri tu? Be', insomma, lui era alla frutta e lei in para, si sono impezzati, si sono incontrati a un happy hour, ma era un sad moment, erano tristi, si son fatti sedici caipirinhe, un po' di lingue in bocca, poi sono andati al party da Chicco e Sara, dai, la sera che Ninni si è fatta trovare a scopare in piscina col Rasta, dai, insomma, l'amore è entrato nel loro cielo, tutto è diventato azzurro, si sono messi insieme subito ma dopo una settimana hanno litigato, capiscimi, lei aveva ottantasei modellini di Winx e lui un migliaio di Gormiti, dai, quei mostriciattoli guerrieri palestrati, ecco, allora erano sul ponte la sera al tramonto, sono andati a mettere un lucchetto per il primo mese di fidanzamento e lei ha detto "sai, io credo che le Winx da lassù ci vedono", perché lei è cattolica. E lui beffardo ha risposto "ma dai, sei scema, le Winx non esistono, i Gormiti sì, cazzo", e lei si è messa a piangere come un torrente verso il tramonto alla fine dell'estate, e lui le ha riso in faccia e le ha detto, "dai, quante storie per quelle Barbie!".

Allora, capisci, cazzo! Questa è incultura, è ignoranza confondere le Barbie con le Winx, è come confondere Raul Casadei con Raul Bova cazzo, allora lei si è girata di spalle e guardava giù nel fiume che andava verso il mare inesorabile come il destino inesorabile, e lui le ha messo una mano sul culo ed è stato come se le nuvole sparissero dal culo... dal cielo... poi si sono rimessi insieme e lui ha caricato un video di lei nuda su You Tube e lei si è tatuata il suo nome vicino a quello delle Winx, Kevin Winx, insomma, una storia dolce, pulita, ero sicura che sarebbe durata per sempre sempre, e poi sempre sempre, che avrebbero adottato dieci figli come Madonna, invece senti cosa è successo, stasera c'è la festa al circolo del tennis e si eleggono Mister Dritto e Miss Rovescio, e allora Fede aveva comprato un vestito bluette come un torrente al tramonto alla fine dell'estate senza nuvole, ma Ale… dai che lo conosci, Alessio il ragazzo della Polda, sì, quello sano sanissimo che sembra Brad Pitt però bruno basso e di Potenza, ma c'ha dei gran addominali, quello che canta *Piccolo grande amore* a rutti, insomma Alessio sente dire da Billo che Kefin gli ha detto sorpassandolo in moto "sai, non mi piacciono le ragazze coi capelli corti perché sembran dei froci", e Alessio perfido lo dice subito a Robby la sozza che corre da Fede perché sa che Fede, cazzo che sfiga, si è tagliata i capelli corti corti la mattina da Cip Unisex, un taglio molto manga final fantasy, e Fede si mette a piangere come un cavallo sul torrente al tramonto e dice "Kefin adesso non mi forrà più", e Robby le dice "ma mettiti un'extension sui capelli corti, una coda bionda, vedrai che lui gradisce", e lei va dalla mamma e dice "mamma, dai, molla cinquanta euros che torno da Cip Unisex che mi mette l'extension", e lei dice, cazzo, sai quelle cose squallide che si dicono dopo i trent'anni, "io i soldi non li fabbrico, te n'ho già dati cinquanta stamattina, tuo fratello è down", 'ste stronzate qui! E Fede dice "mamma non dire cazzate, io se Kefin mi vede coi capelli corti mi ammazzo, hai capito?, mi ammazzo, prendo tutti i tuoi tavor nascosti nelle scarpe e mi ammazzo", e sua madre, quell'insensibile, sai cosa dice? "No, i miei tavor no", mi capisci?, ci tiene più alle sue medicine che alla figlia! E insomma Fede salta addosso alla mamma e cerca di strapparle i capelli per farsi la coda, e la mamma egoista sai cosa le dice? "Ahio, sono i miei", capisci?, ci tiene più ai suoi capelli che alla figlia, allora lei prende un coltello di quelli della serie *miracle blade*, e la mamma dice "no, il coltello no", capisci?, ci tiene più ai suoi coltelli che alla figlia... Va bene, insomma lei le dà zac zac zac ottantasei coltellate... ecco, ottantasei come i modelli delle Winx, e insomma la vita è un cielo azzurro ma spesso si riempie di nuvole rosso sangue e... e insomma, insomma mentre andavo da lei mi manda un sms: SECONDO TE LE ORFANE CUCCANO DI PIÙ?, che tipa la Fede! Come cosa sto facendo adesso? Adesso vado davanti a casa di Fede perché lì c'è la televisione e cazzo, fico, grandioso, pensa, intervistano le amiche dell'assassina e chiedono com'era lei nella vita, così vado in televisione, vieni anche tu dai, ma fa' presto che se no intervistano quella pompinara della Robertina che, pensa, è andata su You Tube in braccio a Fabrizio Corona, come avrà fatto? Ah, ci sei riuscita anche tu?

Troia, non sei più mia amica... [*chiude*]

Canzone dell'amor rifatto

Lui – *Dove son gli occhi tuoi neri,*
e il profilo tuo da Dea,
mi consumo nell'idea
di poterli riveder.

Lei – *Sono azzurri ora i miei occhi,*
poiché ho lenti a contatto,
ed il naso l'ho rifatto,
deh riconoscimi o mio amor.

Lui – *Più non vedo la tua bocca*
piccol bocciolo di rosa
che baciavo voluttuosa.
E il tuo virginale seno
che tenevo in una mano
or mi sembra assai più grande
quattro volte crebbe almeno.

Lei – *Oh mi turba quel ricordo*
ma son io sempre la stessa

la mia bocca è un po' più grossa
ed il seno mio trabocca.
Mi cambiò il silicone
ma non cambiò la mia passione.

[cantano] *Oh, il nostro amor non invecchierà*
                                    [*mai*
e insieme a lui non invecchieremo noi
anche se non so più chi sono
e non so più chi tu sei.

Lei – Il tuo cuore batte in petto,
del tuo ardore sento il suono
ma non riconosco il tocco
della tua virile mano.

Lui – Il mio cuore vecchio e stanco
subì un abile trapianto
e la mano non è mia
è sintetica, è una protesi.
Fu recisa in un duello
nel giardin di Fontainebleau
un chirurgo la riattaccò.

Lei – Oh destino sciagurato
così tanto ci ha cambiato.
Aspettando in speme e pianto
anch'io subii un trapianto
E cambiai tre volte sesso,
ma il mio amor per te è lo stesso.

Lui – Oh destino sciagurato
così tanto ci ha mutato.
Più nasconderlo non posso
ti dirò la verità.
Il tuo amore no, non sono
il tuo amor morì soldato
ma una goccia del suo sangue
fu clonata ed io son nato
copia esatta e replicante
del tuo antico dolce amante.
E l'amore restò uguale
non respingermi anche se
io non son l'originale.

Lei – Questa verità segreta
il mio cuore indora e allieta.
Neanch'io son la tua amata
ma una copia assai riuscita.
Lei la tisi consumò
io polmoni non ne ho.
O mio ben fai ciò che vuoi
con i materiali miei.
Il mio cuore tuo sarà
ai voleri tuoi mi arrendo
io ti giuro fedeltà
ecco il mio telecomando.

[insieme] Il nostro amor non invecchierà mai
e insieme a lui non invecchieremo noi.

[lei inizia a perdere la voce, come se le si scaricasse la pila, come un disco a trentatré giri]

Lui – Mimì...Violetta... [al pubblico] *la pila non le lascia... che poche ore...*

Lei – Amore... muoio... mi scarico... maledetti!
Povera vita mia,
ero ancora in garanzia.

La presidentessa

Una donna ben vestita, dall'aria decisa. Sta dietro una scrivania-cucina, tra pentole e documenti. Parla al telefono.

Sì, ciao... va bene... dai, basta smancerie... ascoltami bene, devo chiederti il solito favore... va bene, lo so che sei sempre contento di farmi un favore, ma basta... cos'è questo rumore, scodinzoli? Allora, questo favore... sì, certo, lo so, è un onore per te... [*rivolta al pubblico*] Uffa, c'è un limite, io sono circondata da ruffiani, ma questo esagera... [*al telefono*]

Zitto!... Va bene, sono la migliore di tutte, lo so... allora... ho qui una lista di nomi... di rompiballe che vogliono fare televisione... Attori? Che ne so, sono amici di amici, amanti, reggipalle eccetera... Allora, segnati questi nomi: Repetti Gianfranco e Fabri Federico... Vorrebbero fare i carabinieri in una fiction... Quale fiction? Non so, quante ce n'è sui carabinieri, dieci, venti? Ne basta una... Appuntati o marescialli? Ma che ne so... dai, sono amici del ministro che mi deve dare dei finanziamenti... Se va bene una fiction sulla guardia di finanza?... Mah, non so, credo di sì... ecco, uno finanziere e uno pompiere... Hai solo una parte da centurione? Va bene, è sempre un soldato, va bene... [*assaggia dalla pentola, aggiunge sale*]

Poi Saverini Samuele... questo c'ha il curriculum: guardia del corpo, body building, concorso di poesia per culturisti, primo premio, nome di battaglia Rambaud... ecco, lui vorrebbe fare il... tronista... Ma che cazzo è un tronista?... Ah, è un obiettivo difficile, hai mille richieste?... Be', la mia non è una richiesta qualsiasi... Se LO dà? "Lo dà" cosa?... Ma non lo so, voi uomini siete peggio di noi, va bene, allora fai il possibile... Poi Lupi Giuseppe, vorrebbe fare le previsioni del tempo... No, non è meteorologo, però si presenta bene, faceva l'apriporta in divisa da Cartier... Poi Benito Balestra, qualsiasi parte basta che non ci sia da parlare, è balbuziente... E poi ecco, Mazzaferri Gesuino, questo lo raccomanda il Vaticano, vorrebbe fare... vorrebbe fare qualcosa su padre Pio... leggo dal curriculum: ha sessant'anni, la barba bianca... ma che cazzo ne so, arrangiati, fagli fare un prete qualsiasi... poi, per finire, Gino Giarretta, vorrebbe fare... la velina... va be', io te lo mando, poi cazzi tuoi, inventa qualcosa... va bene... basta, lo so, sì, sono una donna speciale, sì... certo, resterai lì altri dieci anni, farai i funghi su quella poltrona... certo, ne parlo col premier domani... di lì non ti sposta nessuno... ciao Vinavil, ciao... [*riattacca*]

Madonna che ruffiano! ...Allora, questi della lista sono sistemati... poi vediamo [*consulta dei documenti*]... cosa c'è qui... premio letterario? festa nella mia isola? beneficenza? Haiti... che palle... ecco qua, riunione dei giovani industriali a Taormina... no, io non ci vado, apparirò in video che fa tanto first lady. Che noia questi rampantelli che chiedono consigli... e sviolinano "ma lei come ha fatto a arrivare lassù, signora presidentessa", e io rispondo "con la dolcezza... con lo charme... con la mia intatta femminilità..." [*mescola e rimescola nella pentola*]. Vedete, sono l'industrialessa numero uno d'Italia ma sono anche una buona casalinga. Non ho tre cuochi filippini come i rampantelli. Poi, diciamolo, ultimamente la passione della cucina mi è aumentata. Mi piace inventare piatti... ricette mie segrete... ecco.

Cucinare mi rilassa quando ho dei problemi. E ne ho avuti, ultimamente! Questi operai, che incubo. Tremila ne ho, a libro paga. Sempre scontenti, sempre acidi, sempre pronti ad accusare. Le morti sul lavoro, ad esempio. Certo, nove in un anno, ma insomma, mica mille... cadono dalle impalcature... be', l'hanno scelto loro di salire lassù... se facessero gli impiegati cadrebbero dalle scrivanie... poi, i prodotti tossici e l'ambiente malsano... ragazzi, la mia è una fabbrica non un beauty-centre... insomma, mi hanno mandato gli ispettori e la televisione... tutti a cercare l'operaio morto, il corpo sotto il telo, sembrava che godessero. Be', ho risolto tutto... ho le idee, io... insomma, un giorno un operaio è caduto in una cisterna e ho avuto l'illuminazione... sono arrivati gli ispettori e non hanno trovato niente, tutto a posto. "Ma ci avevano detto che qui c'era un operaio infortunato, forse addirittura morto." "Be' cercatelo," ho detto tranquilla, "vedete niente?... Non c'è nessuno qui. Nessun corpo sotto il telo, solo un buon odorino nell'aria." Sono andati via con un palmo di naso... e da quell'idea lì, la testa mi si è aperta e ho cominciato a risolvere il problema degli esuberi... ma dai, cazzo, chiamiamoli licenziamenti...

Ho riflettuto: qual è il problema degli esuberi? È che quando tu dici a uno che esubera ecco che si incazza, che si mette a dirlo a tutti, alla moglie, ai figli... se stesse zitto... se, diciamo così, sparisse, se si facesse da parte con garbo... insomma, dopo un po' in una fabbrica con tremila operai chi si accorge che non c'è più? Così, grazie alla mia nuova ricetta... alla nuova idea, ecco, abbiamo avuto i primi dieci esuberi silenziosi... e nessuno ha protestato troppo, sì, le famiglie un po', all'inizio, poi, in un mese, tutti dimenticati. Così ho introdotto il concetto che il licenziamento non è una cosa cattiva... è cattivo l'astio, l'odio che viene dopo, ma se si accetta con serenità che le maestranze si riducano [*assaggia la zuppa col cucchiaio*], che si riciclino... ecco, poi tutto si rasserena... così oggi siamo a trecentosei esuberi... e conto di farne altrettanti...

Ho partecipato a una cena, l'altra sera, con gli industriali del Nord... Avevano tutti una foglia di insalata verde come cravatta... elegantissimi... e tutti mi chiedevano "dai, qual è il tuo segreto, la tua ricetta?" e io ho risposto "ragazzi, io unisco all'antica arte femminile di utilizzare gli avanzi il nuovo variopinto illusionismo e la creatività dei grandi chef maschi. Mi ispiro a chef come Swift, Valletta, Mengele, il nostro premier naturalmente. Eccolo, il segreto del nouvel industrialisme. Vecchie idee avide e misere riproposte come moderne con maionese di slogan... oppure, nuove piccole idee, porzioncine di idee ma servite dentro grandi piatti dorati e tutto intorno salse verdi e spezie e pomodorini che sembrano rubini, e

come tocco finale una bella oliata di tangente...
così si esce dall'impasse e l'economia prospera... o quasi". Il risultato eccolo qui [*mostra un piatto fumante*], questo lavoratore che era cattivo e rivendicativo adesso è buono.

Una volta si chiamava sfruttamento, adesso "ottimizzazione delle risorse". Volete... assaggiarvi?

E i gatti
(fox-trot)

Le macchine
Le macchine
Sono troppo veloci
Per i gatti
I gatti
Che vogliono attraversar

Per cercare
Un amore
Un amore
Che dall'altra parte della strada sta
(si sa, bisogna rischiar)

E i gatti
I gatti
Sono troppo indipendenti
Per le donne
Le donne
Che li voglion carezzar

Per mimare
Un amore
Un amore
Quando proprio in giro non ce n'è

E se di notte mi vien voglia ti telefono
Dalle cabine in autostrada da qualche
                              [squallido bar
Sento i gettoni che cadono come battiti
Del mio cuore ingenuo a metà

[parlato] E tu rispondi annoiata, scocciata
                              [addormentata
Alle tre di notte cos'altro potresti far
E io ti chiedo sei sola e tu naturalmente ti
                              [incazzi
Vorresti dormire vorresti riattaccar
E non capisci che...

I telefoni
I telefoni
Sono troppo scomodi
Per le zampe dei gatti
Dei gatti
Che voglion telefonar

Per chiamare
Un amore
Un amore

Che abita in un'altra città
(chissà se un giorno tornerà)

E la notte
La notte
Ci sono troppe stelle
Troppe macchine
E ai gatti

[parlato] Viene voglia di sdraiarsi
Proprio in mezzo
Alla strada
E guardare
E aspettar
Che qualcuno gentile ti tocchi la spalla e dica
Il mondo è finito, signore
Se ne può andar

E se di notte ti vien voglia mi telefoni
Dalla tua casa tranquilla o da un albergo
                              [sul mar
Sento gli squilli che mi svegliano come battiti
Del tuo cuore ingenuo a metà

E ti rispondo scocciato annoiato addormentato
Alle tre di notte cos'altro potrei far
E se mi chiedi se sono solo dico son solo
Sono solo solo solo come posso spiegar?

I gettoni son finiti
È ora di andar
Ma perché non capisci che...

Le macchine... [ad libitum]

La domenica della vita
(rock paradisiaco)

Willy il meccanico uscì allegro quella sera
Col giubbotto nero e lo stivaletto alto
Cercava la donna della sua vita
Ma anche quella della vita di un altro
Andava bene
Andava bene

Anna si mise in rosso quella sera
Giovanna d'Arco vestita di fuoco
Cercava un uomo che l'amasse tanto
Ma anche uno che l'amasse un poco
Andava bene
Andava bene

E c'era un locale che si chiamava Bàilame
Dove anche il tempo andava a tempo
Per scordare tutti i dolori del mondo
Ma anche per scordarne uno soltanto
Andava bene
Andava bene

Anna la rossa salì sul cubo a ballare
E incendiava tutti col fuoco che aveva
E li guardava con aria di sfida
Perché era giovane, libera, viva
E ballava bene
E ballava bene

Willy il meccanico sentì un colpo al cuore
Era qualcosa che non sentiva da tempo
Un gran calore dentro al motore
E nello stomaco uno sbiellamento
Ma stava bene
Ma stava bene

A Willy e Anna bastò uno sguardo
Insieme in moto scapparono via
In piena curva lei lo baciò
È meraviglioso ma pericoloso
Lui si voltò, la moto sbandò
Non finì bene
Non finì bene

Venne un angelo e disse: andiamo
Willy rispose: sì, ma porto la moto
Era contro ogni regolamento
Ma rombando tra nuvole e vento
In paradiso salirono in tre
Pensava l'angelo
Non finisce bene
Qui non finisce bene

E Dio disse: cos'è 'sto baccano
Chi è che disturba il mio quieto mondo
Poi vide la moto e si illuminò
Ci saltò sopra e ci sta ancora girando
E dieci hell's angels lo stanno scortando
E guida bene
E guida bene.

Suor Filomena

Una suora entra e si mette in posizione di preghiera a mani giunte. Suona la campanella. Dalla posizione a mani giunte esegue una serie di mosse di kung fu, al ritmo della campanella e con grida marziali. Poi torna alla posizione iniziale con un respirone.

Sono suor Filomena, son buona e cristiana ma se non preghi sta' in campana, suor Filomena ti mena... AMEN... AMEN anagramma di MENA...

Il mio santo preferito è santo Agapìto dal pugno proibito, che nei santini è ritratto così [*mima*], in posizione di guardia. E sono anche seguace di santa Eulalia che se ti tocchi te lo taglia.

I miei nemici sono santa Betulla che te lo frulla e santa Prassede che sopra ci si siede.

La badessa essa dice che sono ossessa e che

41

il diavolo mi fa parlare in rima e con turpiloquio ma non è vero essa la badessa è fessa e inoltre dice che ogni tanto mi trasformo ma non è vero [*con un vocione roco*] la badessa si chiama Tatiana e prima di far la suora faceva la...

Esci dal mio corpo! [*si picchia la pancia*] Diavolaccio dell'inferno, esci dal mio lindo interno...

Sì, sono una suora d'assalto, il mio motto è o ti penti o ti faccio saltare i denti, basta con il cattolicesimo usa-e-getta e coi cattocomunismi e i relativisti e i seminaristi e gli embrioni e i culattoni! ...La lotta tra il bene e il male è roba per duri, qua si fa sul serio, niente pippe, niente aborto, niente di niente, la religione è penitenza, militanza e sofferenza.

AMEN, anagramma di MENA...

No, no, io non sono una mistica, una di quelle masochiste che godono quando le torturano o le mettono al rogo.

Io meno, non mi faccio menare.

Ho un rosario con dei chicchi che sembrano bocce da bowling e giù mazzate con quello.

Padre nostro che sei nei cieli vieni giù armato...

Io non voglio più vedere il peccato che dilaga in ogni forma per le strade, donne scollate e minigonnate e bambini provocanti con i calzoncini corti e questi extracomunitari neri... alti... muscolosi... sexy... [*canta "It's raining men"*] esci da me, Belzebù!

[*asciugandosi il sudore*] Come ho deciso di farmi una suora... pardon, di farmi suora, come ho scoperto di avere la vocazione?...

Un giorno camminavo per strada e ho sentito una voce che diceva:

"Filomena Filomena, ascoltami".

Mi son girata su... era Dio? No, era mio padre.

Ha detto: "Siete sette sorelle in famiglia, mangiate troppo, abbiamo tirato a sorte, tocca a te andare in convento, sei contenta?". "Che culo," ho detto, e lui, giù uno schiaffone, "zitta," ha detto lui, "obbedisci e zitta, che le altre sorelle le mando tre in filanda e tre a battere."

E così entrai nel convento del Trecento su un monte pieno di vento.

Dove la badessa essa dice che sono ossessa che parlo in rima ma è grassa e fessa essa la badessa.

Dice che ho dentro un diavolo utilizzatore che mi fa dire cose che non dovrei dire ma non è vero sono suora ora et labora e mi piace questa vita [*vocione roco*] questa vita del cazzo che mi annoio dalla mattina alla sera.

[*con voce tornata dolcissima e mani giunte*]

Sono qui frateli e sorele per convincervi a passare una settimana laica nel nostro convento oppure anche nevero a entrarci per sempre. Ma perché ca... cara, direte voi, uno dovrebbe entrare nel nostro convento?

Anzitutto, il cibo è povero ma sano: insalata di rapa beata, purè di patata, mousse di crescione, insalate di erbe buone, [*vocione roco*] cinghiale arrosto, maccheroni alla puttanesca, trippa e certi salami che sembrano la fava di Noè lunga un metro e trentatré... [*torna con voce normale*] e un vinello che pigiamo coi nostri piedini e poi [*vocione*] ci sbronziamo di rosso e di nero e poi prendiamo un grosso cero e poi...

Esci da me, via, diavolone del cazzo... maniaco frocio comunista. [*tira calci*]

E poi, dicevo... nel convento c'è il meraviglioso voto del silenzio... nella notte si sente risuonare la campanella e il sussurro delle nostre preghiere e suor Noemi che ha le visioni e canta con voce melodiosa:

"Spero proprio che... non venga un uomo adesso
Mi comporterei... come non vorrei
La mia mente è forte ma ancora più forte è il sesso...".

Va bene, anche suor Noemi c'ha qualche ossessione. Tutte le sorelle qua dentro [*vocione roco*] sono delle scalmanate giù di testa, ahahahahahah. [*corre su e giù per il palcoscenico*]

Non è vero. Nella notte, nella nostra piccola cella pensiamo... ai santi... a san Francesco povero e modesto, a san Sebastiano che soffre trafitto di dardi... a san Giorgio Clooney... ho detto Clooney?... No, volevo dire Cluny, l'abbazia di Cluny, e poi insomma, sogniamo... io sogno ad esempio di volare tra le nuvole e vedere il mondo dall'alto e volare fino al Vaticano, fino alla finestra del papa, entrare e [*vocione*] inginocchiarmi davanti a lui e poi... no, questo non me lo fai dire, diavolo porco...

No, al povero Ratzi no... magari neanche gli interessa... e inoltre qua dentro potrete conoscere le mie consorelle: [*vocione*] suor Michela che te lo pela, suor Bernadette che ha la quinta di tette...

Va' via, diavolone... esci da questo mio bellissimo corpo... esci soprattutto da lì... [*si dimena, fa un rutto, sputa*]

Sono una suora, non sono una santa.

Uffa, stasera se questo diavolaccio non esce arriva la badessa-essa-mi-fa-dir-messa e mi toglie la permessa di uscire a giocare ai gratta e vinci, adoro i gratta i vinci [*vocione*] e il poker, cazzo, e la roulette e magari un tiro di coca... Basta Belzebù, zitto!

Va bene userò l'esorcismo supremo, quello di papa Leone. [*ruggisce*]

Vade retro Satana, ma non quel retro, vattene inventor et magister omnis fallaciæ, hostis humanæ salutis... vattene via, puttaniere di quarta categoria, maiale utilizzatore finale... vade retro.

Aaaaaghhhh. [*rutto clamoroso*]

È uscito.

E non guardatemi così. Certo che sono un po' fuori di testa, svegliatevi voi ogni mattina alle quattro e invece del caffè tre ore di rosario. E neanche la televisione in camera, a me che piace il calcio. Insomma, sono qui per sfortuna, io volevo fare la ballerina, [*si toglie il velo, sparge i lunghi capelli*] ho ventotto anni, sono ancora giovane. Ma se esco dove vado in questo mondo crudele laico e laido? Però non ho voglia di stare da sola, allora va bene anche un diavolo che ti tiene un po' compagnia, amore mio, così mi piaci, voglio solo te, vaffanculo Belzebù, lo so che entri dentro tutte... insomma, perdonatemi, avrete anche voi i vostri peccati, vi prego, non lasciatemi sola... [*a bassa voce furtiva*] Io ho un computer, me l'ha regalato padre Marcello in cambio... di... di una bottiglia di limoncello.

Insomma, visitate il sito del convento e soprattutto mandatemi una mail a questo indirizzo: filomenatimena@conventodelvento.it. Oppure, scrivete su Sacrebook al mio pseudonimo Filo la romantica, oppure... oppure suonate la campanella sul retro del convento, c'è un chiostro, la porta si apre pian pianino, io vi apro [*vocione*] e vi faccio un... vattene da questo corpo... ma vai dalla badessa essa, pesa centoventi chili, valle dentro che c'è posto per te e per Lucifero e Mammone e Baal e Hitler e Lele Mora e Califano e la Marcegaglia...

[*scampanellio*]

Sì, badessa, vengo... [*con voce sensuale*] vengo.

Canta:

"Satanasso non andare via
Senza i tuoi capricci che farei...".

Esce.

Attesa

Una donna seduta, al buio. Si rivolge al pubblico.

Che ore sono? Non voglio saperlo. Le ore in cui si aspetta non hanno la durata del tempo quotidiano. La loro misura non è quella di un pendolo che oscilla regolare, ma quella di un cuore che batte, a spasmi e inciampi. Il tempo dell'attesa ti circonda, ti avvolge interminabile.

È come navigare in un mare di cui non si vede la fine.

Chi sto aspettando? Che importanza ha? Un amante, un marito, un figlio, una figlia o... un medico con un verdetto, un assassino col coltello, forse uno sconosciuto. L'importante è che io ora vivo in questa parte dell'universo, nel pianeta dell'attesa, separato e diverso dal pianeta di chi non aspetta nulla e nessuno. E la mia ansia, il mio cuore, i miei pensieri impazziti non si calmeranno finché non sentiranno una voce in strada... e i passi salire le scale, e una mano aprire la porta e...

E lo vedrò. Sul suo volto un sorriso, o un faticoso ghigno di scampato, ferito ma vivo, o iroso e indifferente, ma potrò andargli incontro e avere cura di lui e avere pace. No, non è vero. Non esiste pace per noi. Esiste un tempo sospeso, talvolta felice, tra due attese.

Tutti aspettano nella vita, è vero. Ma ci sono persone, soprattutto noi donne... che non fanno altro che aspettare. Ogni ora e ogni giorno. Perché accettare la responsabilità, l'amore, l'affetto, l'attenzione, la solidarietà vuol dire fare parte di questa schiera dannata.

Quelle e quelli che stanno alla finestra nella notte, il ridicolo dolce esercito di quelli che aspettano.

Aspettiamo senza riuscire a pensare ad altro, spesso senza cercar rifugio in un libro o in una musica. Ogni squillo di telefono ci fa tremare il cuore, ogni voce vicina ci inquieta: ed è un nuovo dolore, non è questa la voce, non è questo il volto che aspettavamo.

E odiamo chi non è colui o colei che aspettavamo.

C'è follia in questo? Sì, c'è, spesso. Si può aspettare qualcuno che ha bisogno di noi o che noi crediamo abbia bisogno di noi, oppure di cui in fondo abbiamo bisogno. Noi crediamo, sì. La nostra è una fede che conosce una sola preghiera, un solo tocco di campana. Vieni... ritorna...

Quante attese, quante.

L'attesa di un segno dentro di me, di qualcosa che stava per nascere. E poi aspettarlo fuori da scuola, riconoscere il suo viso tra tanti. Aspettare che il calore della febbre lasciasse la sua fronte. Aspettarlo di notte quando faceva tardi, vederlo arrivare stravolto, arrabbiato, confuso. Aspettare fuori dalla sua camera un segno di quiete.

Aspettare nella corsia di un ospedale, cercando di capire dai volti di tutti cosa stava succedendo. Aspettare una telefonata da un paese lontano o vicino, alzarsi in piedi, camminare, cercare di dormire, gridare, piangere. Aspettando quei passi...

[*tende le orecchie*]

...e ogni passo sembrava il passo atteso, come ora...

Certo, qualcuno ha aspettato anche noi, e forse non ce ne siamo mai accorti. Mentre credevamo di essere gli unici abitanti del mondo dell'attesa c'erano altri che attendevano noi... un genitore, un amante, un figlio... che ci aspettava.

E noi non conosceremo mai il dolore del suo

tempo, i suoi pensieri, ma possiamo immaginarli, erano uguali ai nostri.

Ora che aspetto, ringrazio tutti voi che mi avete aspettato con affetto con ansia, vi chiedo perdono perché non me ne sono accorta. Perdonatemi.

E quanti ritorni, pieni di frasi assurde e crudeli...

DOVE SEI STATO? DOVE SEI STATA? PERCHÉ NON HAI TELEFONATO, COSA TI È SUCCESSO, PERCHÉ COSÌ TARDI, CON CHI ERI?

Chi di voi non ha detto o ascoltato queste solite frasi, eppure le ripeteremo ancora, altri le ripeteranno, è destino, proprio come è destino restare qui, svegli, col cuore che batte, pieni di neri pensieri e di nostalgia.

E niente può rassicurarci. Solo il rumore di quei passi... che si avvicinano... la sua voce, il suo volto. Un attimo luminoso di gioia in fondo a un nero tempo che morde l'anima.

A volte penso: è tempo perso questo aspettare? O è il tempo più necessario e prezioso, il prezzo che dobbiamo pagare all'affetto, alla cura, alla fratellanza?

E qualcuno di voi forse ha conosciuto il tempo peggiore dell'attesa, quello che si mescola alla paura? Quando si spara in strada, quando c'è il passo delle ronde, quando stivali di soldati battono alla porta... chi potrà mai dimenticare quel tempo?

Ma anche così, in questa notte normale... quando non vorresti, ma piangi... non vorresti, ma un pensiero doloroso ti assale, per lui, per lei che aspetti... perché... perché non senti la mia attesa?... In quale guerra in quale droga in quale errore in quale amore ti sei perso?... Sospesi nel nostro desiderio egoista di spegnere il nostro dolore, anche se lui lei è felice dove è ora. È felice mentre infelici lo aspettiamo e sarà felice di ritrovarci e avrà bisogno di una parola, di un bicchiere d'acqua, oppure ci insulterà e scivolerà in silenzio lontano da noi.

Cosa fai ancora in piedi... aspettavi me?

No, non riuscivo a dormire... lavoravo... stavo... pensando.

E poi il cuore si placa... fino a domani, forse.

I suoi passi? No, non è lui. Anche di queste torture è fatta l'attesa.

Anche di segni che ti rendono folle e ansioso, di ossessioni e crudele desiderio di togliere libertà all'altro, di inchiodarlo a un tempo di morti dove nessuno attende e nessuno arriva... ma chi aspetta davvero è vivo, aspetta sempre con amore... con un eccessivo, sprecato, indicibile, ridicolo amore.

Aspetterà sempre e gli sembrerà di non aver

fatto altro giorno dopo giorno. Che i momenti in cui non aspetta, la quotidiana normalità, non siano che un istante sospeso nel grande tempo dell'attesa... una lampada in una notte tempestosa... interminabile come questa... e forse...

I suoi passi? Sono i suoi passi?

La luce si spegne.

Primero:
Tango del vestito rosso

Hai qualcosa di me in te che brucia
E non puoi nascondere in parole d'occasione
Un tratto, un gesto, una ferita, un pianto
Un filo rotto, una nota, una scusa
La nostra milonga dietro una finestra chiusa

Hai un po' del mio sangue sul tuo vestito
Una foto in tasca, un coltello, un treno
Una bugia pronta, un bicchiere di veleno
Ogni volta che hai cercato di dimenticarmi

Stanotte ti prego: svegliati, apri la mano
Nel buio raccogli un pugno d'aria
Stringilo come fosse l'ultimo fiato
Chiudi gli occhi, apri il pugno, là io sono
Un tratto, un gesto, una ferita, fumo
Un vecchio tango, un po' del mio profumo

Hai qualcosa di me in te che danza
Bandoneon, sala vuota, lontananza

In ogni passo in ogni inchino io sono
Un bacio sincero, un bacio disonesto
Bugie: muoio per te, vivo per questo

E so che tu non mi hai dimenticato
E che dimenticarti io non posso
Ombra, spilla sul tuo vestito rosso
Anche se non balleremo più insieme
Così finì uno scandalo in una città perbene.

Segundo:
Tango perpendicular

È nel pavimento lavato dove brillano
I pesci d'oro delle scarpe nuove
È nel Cupido dal dente cariato
Che fa sedere le coppie, aspettando la mancia
Nella pallida guancia e nella spilla sul collo
È nel bicchiere di Tempranillo
Dove lui desidera lei, attraverso un rosso
                                        [inferno
È nella segatura ben sparsa,
Perché nessuna lacrima vada persa
È nel primo sopraggiungere del tango
Nella notte curiosa dietro la porta chiusa
Ma... se non ti tengo tra le mie braccia
Tutto questo è una cartolina banale
Per uno specchio di barbiere
Per un ricordo che fa ancora male.

È nella dama piccola che si appoggia
Al cavaliere come al parapetto di un balcone
E avanza con lo stivale sottile
Tra nuvole di neon e fumo
Del suo music-hall personale

È nel sorriso dello scemo che non può ballare
Ma dentro di sé conquista e seduce
La bionda triste, col marito al fianco
Che parla di sacchi di caffè, e non ama il tango
È nel gesto di Carlos che spalanca
Il bandoneon, come Mosè che apre il mare
È nel frusciare di una gonna, nell'attimo
                        [di silenzio
È nell'odore di rosa, calzini ed assenzio
Ma... se non ti bacio come si baciano i ragazzi
Tutto questo è nostalgia per un mare dipinto
Per un marinaio senza più nave
Per un capitano senza un filo di vento

È nella tosse roca del ballerino migliore
Che indossa la morte, come un abito ben fatto
E nella vecchia coppia che danza
"Engañadora" per la millesima volta
È nella vecchia ferita da coltello
Il giorno che qualcuno difese qualcuna
Nelle risate troppo forti e smargiasse
Nelle farfalle suicide sulle lampade rosse
È nella grazia e nell'arroganza
Di questo contrappunto, che ci trascina
Nei campi di luna, oltre la porta
Ma... se non mi sei vicina, amore
Tutto questo è una canzone vecchia
Dentro una valigia di ricordi smarriti
Di tanghi usati, in vecchi spartiti.

Vecchiaccia

Una donna su una sedia a rotelle al buio, i capelli con una mèche bianca sugli occhi. Quando torna giovane, torna bellissima.

Se mi chiedete quanti anni ho vi rispondo: che cosa ve ne frega. Mica diventate più giovani a chiedermelo e io neanche, a rispondervi. Io non ho età, sono come la mia dentiera, rido e digrigno in un corpo che non è mio, che è troppo diverso dalla mia anima, la mia anima non fa questa puzza, sa di mare la mia anima.

Il tempo però passa. Come passa? Non lo so.

Oppure non passa, c'ho sedici anni e mi corre dietro mio nonno porco, anzi no è Vincenzo, e io faccio finta di scappare ma mi piace quando mi prende e mi fotte, ma era tanti anni fa, forse non ricordo bene se era mio nonno porco o lo zio porco o tutti e due, e se era Vincenzo o suo fratello che mi rincorreva e mi voleva fottere nel granaio. E io dicevo: no, in mezzo al

grano no che mi punge la schiena, e nelle mele no che ruzzolano, meglio la farina che diventiamo Angeli Candidi.

Sogno che ho dieci anni e sono bambina e
scappo dal nonno porco che mi vuol fottere.

Mentre che Vincenzo e io fottevamo e ci ab-
bracciavamo, fottevano anche i ghiri lassù [*fffff*]
nascosti nelle travi del soffitto, e sentivo cantare i grilli e la luce della notte entrava e illu-
minava la farina e sembrava di essere sulla Luna bianca su una cometa su Saturno, che belle
tette che avevo, e che belle stelle fuori, e che
odore le mele e il grano, allora non ero storta
come un fil di ferro piegato e non avevo il culo pieno di piaghe e biascicona e bavosa... io
ero bella, non ci si crede adesso ma ero bella
bellissima, oppure mi ricordo ero giovane io,
dritta come un soldatino, che belle tette dicevano i ghiri e i grilli, e avevo un culo che sembrava un cocomero un tamburo, suonava tapum tapum.

Quindi perché mi chiedete quanti anni c'ho,
che cazzo lo chiedete a fare?

Ve l'ho detto, ne ho dieci o anche sedici, anzi trenta.

Sogno sempre che c'ho trent'anni che muore mamma, magra gialla con l'itterizia, e papà
non piange beve beve poi piange vino dal naso e la casa si riempie di silenzio, e l'acquaio di

piatti sporchi, e io per non restare sola il mese dopo o l'anno dopo non ricordo, mi sposo con Alfredo – che anche lui puzza di vino e ha un cazzo piccolo nero grinzoso che odora di ricotta e la notte di nozze meno male si addormenta e io invece volevo sposare Vincenzo ma sono entrati di notte bussando gridando per far sentire a tutti che erano arrivati loro e gli hanno sparato nella gola.

Non lo sapete chi, non ricordate chi?

Eppure non siete vecchi – forse volete dimenticarlo chi.

I fascisti di merda porcoddio – hanno sparato a Vincenzo che aveva diciotto anni perché suo fratello era andato in montagna e a sua madre che lo difendeva col forcone le hanno rotto la testa, tanto fate finta di niente, bisogna chiuderla la storia, dire che ora è nuova la storia, ma la storia non smette mai di sanguinare, ma sì pesateli a uno a uno i morti poi fate i conti e i bilanci e vendeteli e intanto aprono di nuovo la porta e sparano in gola, non è vero che è così cambiata la storia, voi volete farli tornare, anzi siete tornati, bastardi porcoddio, quanti anni avete, quanti ne sono passati?

Quanti anni c'ho?

C'ho quelli di Vincenzo sparato, c'ho quelli del tedesco biondo morto nello stagno con gli occhi al cielo che pareva facesse il bagno,

c'ho gli anni del fascista impiccato al fico – e
non mi è dispiaciuto –, c'ho gli anni del camino,
col fuoco che ondeggiava di paura, al passo dei
soldati, c'ho quelli della miseria della mia casa,
c'ho quelli di mia sorella Evelina che le viene
la meningite a sei anni, e trema come una foglia e non c'è luce non c'è soldi per il petrolio,
una mezza candela, sola, che si spegne e il medico non trova la casa senza una luce alla finestra, e mia sorella muore al buio, a sei anni, e
io tanti di più ne ho adesso come venti sorelle
e penso che era più giusto se vivevo la metà e
potevo dare metà dei miei anni a mia sorella o
a Vincenzo, ma quanti anni vuoi vivere vecchiaccia quanto semolino quante mele quanti
ghiri vuoi mangiare ancora quanta merda vuoi
fare ancora, quante urla e deliri, lo avresti mai
detto che saresti diventata come la zia Ida? Come la ziaccia pustolosa immobile sulla sedia che
ogni tanto ricordava il terremoto la casa crol-
lata e urlava "poveri i nostri danari, poveri i nostri danari"?

Ogni notte urlava la vecchiaccia ed era piena di croste e io la dovevo grattare... mi dicevano: gratta la zia che ha prurito, grattala con
una manina di avorio, in culo te la metterei io
la manina. Io lo odiavo "poveri i nostri danari" e una volta che diceva con la sua vocetta
perfida "dai bimba pigra gratta più forte che

mi prude", allora sapete cosa ho fatto... le ho versato dell'acqua fredda nella schiena, un secchio d'acqua, e ho detto "to' vecchiaccia di merda che non sei altro, vedi che ti passa il prurito adesso, scrofolosa schifosa", lei mi ha guardato con gli occhi bianchi stravolti, non capiva perché quell'immensa cattiveria, e io ho guardato quel volto da morta spaventata e non ero pentita ma ho pensato un giorno una bambina cattiva mi verserà dell'acqua fredda nella schiena e sarò immobile su una sedia anche io, la vecchiaccia sarò io sarai tu, e non riuscirai a dormire né a sognare il granaio o la luna, sarai niente sarai inutile sarai un posto a tavola in una casa di riposo persa in mezzo agli alberi nascosta alla città.

E forse non sapete com'è quando ti accorgi che non esisti più, esisti solo per lo spazio che occupi e le tre medicine che prendi e il cesso che sporchi e le lenzuola che bagni perché morire non va bene, non si uccidono le vecchiacce, si uccide Vincenzo e i bambini e mia sorella al buio ma costruiamo tanti posti per far vivere centinaia di vecchiacce che qualcuno paga anche se lo sai che a nessuno frega niente di una vecchiaccia e allora

signori miei cosa fanno le vecchiacce urlano... aaaaaah [*urla*].

si urla... urliamo.

Così per un attimo il mondo si accorge di te e delega un infermiere incazzato un poveraccio con un futuro da vecchiaccio, delega lui a rappresentare l'umanità generosa e tu non sei davvero viva sei un sasso nell'acqua che va giù fa i cerchi sempre meno visibili e l'acqua si richiude il mondo ti cancella...

Dimmi schifosa, vorresti essere come i vecchiacci più cattivi, quelli che si mettono i capelli finti in testa e la cipria sulle rughe, e si vergognano di essere vecchiacci e uccidono urlano sputano prendono il potere, perché se hai il potere esisti ancora un po', se sei un vecchiaccio uomo ma anche le vecchiacce ci provano, li imitano, ma una come me non ce l'ha fatta a diventare una di loro un'assassina e adesso è tardi magari potrei ancora...

Una volta ho rubato un coltello ho pensato... se taglio la gola alla Lina novantasei anni quel vegetale là rincoglionita a bocca aperta... che sta a testa in alto a ingoiare aria, oppure taglio i coglioni al medico ciccione allora esisterò, sì, si chiederanno perché, ma non è vita neanche quella, la vita degli assassini è poca vita, è una morte continua che si abbevera a ogni morte, la vita è altro la vita sarà, sì sono i bambini che vanno a scuola e io li vedo qui dalla finestra la mattina, oggi ne manca uno oggi uno è triste oggi saltano come uccelli, la vita sarà, oppure la vita è stata ma sì che sono esistita nel granaio con Vincenzo e i ghiri oppure sul fiume quando nuotavo nuda e sapevo che gli operai del ponte guardavano e sognavo di essere Katharine Hepburn sul battello del film era quella la vita, il giorno che è nata mia figlia e io l'ho guardata e l'ho odiata quanto male mi hai fatto, ma poi un'ora dopo già la tenevo tra le braccia guai a chi la toccava, una leonessa ero diventata, e poi si precipita piano... poi il sasso va verso la melma del fondo, e si vive di dispetti e prurito e rabbia e no le medicine non le prendo, il prurito me lo tengo e mi caco addosso e sto davanti a questa finestra sulla mia sedia e piove e c'è il giardino e i pioppi e gli uccelli cantano: vecchiaccia eri bella, adesso sei una civetta spelata con gli occhi bianchi vaffanculo uccellacci neri e se mia figlia mio figlio o Vincenzo o il ghiro non mi vengono a trovare che me ne fotte, io lo so che mia figlia mi vuole bene ma quando viene qui non vede l'ora di andarsene e tu che faresti? La andresti a trovare ogni giorno una vecchiaccia che somiglia a una mosca secca morta nella ragnatela del granaio, senza capelli, senza denti...

...Ma ero bella avevo una bocca bellissima davo certi baci e morsi che Vincenzo diventava rosso come il vino col ciuffo sudato sulla testa diventava bello come un divo del cinema e diceva ma dove hai imparato, in sogno dicevo io, e mi succhi l'anima diceva sì l'anima ti voglio prendere scappa Vincenzo scappa che stanotte vengono i bastardi...

E andavo a scuola come i bambini che saranno sì andavo al fiume in bicicletta e avevo delle belle gambe e gli operai del ponte fischiavano e dicevano "bella che sei pedala pedala facci vedere" e io [*si alza in piedi a braccia aperte, bellissima*] spalancavo le gambe e andavo giù in discesa si sollevava la gonna e il vento mi entrava nelle mutande e quanti anni ho mi chiedete, non sento non sento, sto andando in bicicletta c'è il vento, [*torna raggrinzita, seduta*] non la prendo la pillola vaffanculo infermiera straniera porcoddio straniera di merda sì anche razzista sono diventata non è vero amica mia lo sai che sei più triste di me che diventerai vecchiaccia in un paese non tuo, perdonami però le pillole no vaffanculo lo so che c'ho il diabete e non caco più, basta la vedo in sogno la montagna di merda che ho fatto nella vita, tutti qui parlano solo di questo io non caco lei caca lui stracaca lei è morta perché non ha più cacato, ma allora non perdo più tempo a cacare la faccio nel pigiama oppure la metto nei cassetti la nascondo perché mi son stufata di far sempre le stesse cose, e cadevano le bombe e io nel rifugio pensavo voglio diventare vecchia così non mi ricorderò più questo e anche quando è morta Evelina piangevo e dicevo, passi un secolo in un istante, voglio scordarmelo no no Vincenzo no, voglio ricordarlo e anche il fascista che lo ha ammazzato con la corda al collo sul carro che lo portava via e ricordo anche cose misere e da niente come mio marito Alfredo, di lui ricordo solo noia e mani sudate e una puzza di vino e cipolla e acqua di colonia per coprir la puzza e la domenica lavava la macchina diceva superbo "be', io vado a lavare la macchina" capito "vado a invadere la Polonia", la macchina la Millecento color topo era la cosa più importante della sua vita e quando si è schiantato ho pensato bene, è morto tra le braccia della sua amica, la signora Millecento Sorca e povero Alfredo, povero un cazzo, povera macchina magari, ma io odio le macchine, ogni vecchio dovrebbe odiarle, io adoro attraversare la strada e fermarmi davanti a loro e farle frenare e i guidatori mi guardano con odio e pensano questa la metterei sotto e io li sfido e dico andate piano bastardi e loro dicono sei fuori dalle strisce vecchiaccia e io lo so che sono fuori dalle strisce se no che gusto c'è, ma faccio finta di niente e alzo il bastone e bam [*mima un colpo di bastone*], una mazzata sul cofano e bam un'altra e se scendono incazzati e mi insultano faccio finta di svenire, oh dio dio poveri i nostri danari muoio muoio, e c'è sempre qualcuno che interviene e dice ma non si vergogna a insultare una poveraccia vecchiaccia come questa?, e scoppia la rissa e io godo ma lo so che quelli che insultano le vecchie o le picchiano sono in aumento e quelli che hanno il coraggio di difenderle sempre meno e prima o poi mi pesteranno per bene in sei o sette e mi lasceranno stesa per strada.

I deboli o fanno pena o fanno intralcio di questi tempi, non picchiarmi dai, quanti anni ho? Quando avevo dieci anni ho visto in mezzo alla strada un cane bianco morto quasi spezzato in due e ho pianto e l'ho raccolto pieno di sangue e bestemmiavo come sentivo da mio nonno "dio inutile dio stracciacani", dio, perché lasci sole le tue bestiole che le ammazza una fucilata o un carro o una macchina e poi ho capito che lui lascia soli tutti anche le bestiole come Vincenzo e sua mamma piccola col forcone alto più di lei e mia sorella e Corinna che i fascisti l'hanno fucilata nuda contro un muro del letamaio ma voi li rivolete i fascisti anzi non è successo niente anzi volete essere proprio come loro quanti anni ho mi chiedi, e bussano alla porta, volete entrare... to' bastardo che ti aspetto col forcone in mano come la mamma

di Vincenzo, [*ansima, tossisce*] ditelo, vi piacciono, vi piacevano e vi piaceranno sempre vi
piace marciare come pecore vi piacciono gli sti-
valoni vi piace qualcuno che spara per voi, vi
piace chinare la testa cazzo vi piacciono i pre-
ti le armi le medicine vi piace avere la macchina due macchine tre, e io bam... bam... macchine perché siete poverini, vi piace lamentar-
vi poveri i vostri danari potessi ammazzarvi tutti come il cane in mezzo alla strada per quanto
siete bastardi coi deboli e servi coi potenti sono cose vecchie quelle che dico, ma vi fanno in-
cazzare ancora allora ve le dico ancora ve lo sof-
fio contro senza denti, non capite? Volete proprio che lo dica a voce alta quanti anni ho, e allora vi chiedo voi quanti anni avete e da quanti anni vivete in un paese di merda? Sì infermiera sto gridando e vattene pure chi se ne frega e lasciami sporca e perché grido, io grido
perché così nessuno mi viene vicino, non è bello quando nessuno vi viene vicino ma io grido
così non aspetto nessuno vicino e... [*tossisce*]
  Quanto sono stanca, stanca in questo mondo che puzza di semolino e scoregge e fiori morti e mica solo i fiori muoiono ogni settimana
cambiano la disposizione dei tavoli a mangiare
una muore arriva un'altra e una non mangia più
e diamo il suo biscotto a un'altra e la sua for-
chetta a un'altra mortus est mai più sburzliga

ridi ridi vecchiaccia di merda strega, allora io
sogno sogno che siamo in riva al mare e soffia
il vento e io mi tuffo in acqua e nuoto e quando torno a riva mi asciugo i capelli mi faccio le
carezze da sola perché le vecchiacce si fanno
le carezze da sole o magari si grattano la rogna
come gatti ma io sono sulla spiaggia adesso e mi
asciugo i capelli con cura con un panno azzurro come il mare e i miei capelli sono lunghi e
neri non sono pochi e bianchi, guardatemi bene cammino posso camminare [*cerca di alzarsi
ma non ce la fa*] e una mattina mi dissero mamma hai tutti questi acciacchi e adesso anche il
femore rotto, meglio un posto dove ti badano
ogni giorno, un posto dove si curano di te dissero... e c'era un po' di nebbia e un sole lieve
malaticcio e io ero vestita col vestito migliore
nero col collarino bianco e tenevo la borsa stret-
ta tra le mani... e la valigia era dietro nel porta-
bagagli... tutta la mia vita in una valigia piccola
così avevamo messo, e abbiamo percorso in
macchina questo bel viale di platani e in fondo
c'era la casa di riposo moderna coi vetri illumi-
nati dal sole sembrava una fabbrica una fabbrica ricicla-vecchiacce un vecchiodromo ecco, e
mi è venuto incontro il medico ciccione odora-
va di etere e dopobarba sorrideva e diceva signora mia, bella signora la teniamo qui un po-
co di tempo si troverà bene sarà tranquilla qui,

e io lo sapevo già quanto sarebbe stato quel PO-CO DI TEMPO e cosa voleva dire SI TROVERÀ BE-NE, SARÀ TRANQUILLA QUI. E mia figlia non mi guardava teneva gli occhi bassi, e io ricordo che annusavo tutto e vidi che c'erano a lato dell'entrata dei cespugli di rose, erano chiusi in una serra di vetro, ecco pensavo se ce la fanno le rose chiuse prigioniere in una serra, anche io ce la farò e sarò come la mia dentiera che ride e digrigna in un corpo che non è più il mio, un corpo diverso dalla mia anima che non puzza di medicine, odora di mele del granaio e dormirò come un gatto venti ventisei ore al giorno e sognerò e griderò nel sonno poveri i nostri danari e chiederò aiuto nonno porco mi rincorre o era mio zio o era un infermiere sadico che mi tira un secchio d'acqua nella schiena e ride, oppure sognerò di succhiarlo a Vincenzo anche se son sdentata e ai suoi baci... però quel giorno a niente pensavo cercavo di non pensare a niente guardavo il viale dei platani che non avrei mai percorso un'altra volta all'indietro e guardavo la mia valigia mentre la portavano dentro e il sole e la nebbia mi salutavano, addio vecchiaccia, ci vedrai ma solo da dietro una finestra e mia figlia non mi guardava e anche io guardavo per terra e non urlavo non digrignavo non protestavo perché... perché

...cercavo di avere dignità ecco tutta la dignità che potevo avere dritta come un soldatino col forcone come una lancia, a cavallo della sedia a rotelle che belle tette che belle stelle, ho stretto i denti ho detto in fondo sono mezza viva e mi rendo ancora conto di cosa mi succede è sempre meglio che finire in un vecchiodromo quando non te ne accorgi più e non capisci perché ti rinchiudono lì come una rosa di carta e ti fucilano mezza nuda contro un muro e muori tremando al buio mentre la candela si spegne e ti rinchiudono perché non ne possono più di te e allora urla e bestemmia e sputa e sanguina e poi, una volta dentro potrai sempre sognare... e fare finta di essere una vecchiaccia insopportabile che urla bestemmia sputa, urla puzza e sanguina così almeno nessuno avrà pena di te e tu potrai tenerti stretto tra le mani grinzose un pensiero un fiore di carta una mela, potrai pensare come unico sollievo come unica allegria: ...perché qualcuno dovrebbe volere bene a una come me?

E poi... la notte sogno, si illumina tutto... sono in bicicletta, e vado in discesa, senza mani, apro le braccia e il vento mi entra nelle mutande... e... quanto sono bella... [*reclina la testa*]

Volano

C'è una città c'è un palazzo all'ultimo piano c'è una luce azzurra fioca sottomarina e c'è una piccola stanza.

C'è un vecchio che guarda la televisione.

Lo hanno lasciato lì dicendo "dai nonno che noi usciamo, ma non lamentarti: la televisione ti fa compagnia".

Ma il vecchio non si sente in compagnia.

Guarda la televisione facce di gomma criminali vanitosi gente che non ha niente da insegnare.

Preferirebbe qualcuno che gli parlasse o gli suonasse qualcosa.

Allora il vecchio va alla finestra e vede che nella finestra di fronte, in una stanza uguale in un palazzo quasi uguale all'ultimo piano, c'è una vecchia coi capelli d'argento come lui che guarda la televisione.

Guarda facce di gomma criminali vanitosi gente che non ha niente da insegnare.

E anche la vecchia si alza dalla poltrona va alla finestra e vede tante finestre con la luce azzurra fioca sottomarina.

E dentro tanti vecchi e vecchie lasciati lì soli dicendo:

"Be', non lamentatevi, tanto c'è la televisione che vi tiene compagnia".

E c'è anche un bambino davanti alla televisione, da solo.

E il bambino va alla finestra e vede tutti quei vecchi alla finestra e la luna e tutti si guardano e nessuno dice niente, bisognerebbe urlare da finestra a finestra ma non sta bene.

Allora improvvisamente il primo vecchio del primo palazzo sale sul davanzale della finestra.

È in pigiama, fa freddo ma non gliene importa.

Sale un po' a fatica, sta in bilico e si sporge, guarda la strada sotto dall'ultimo piano.

E tutti i vecchi e le vecchie e il bambino lo guardano e stanno col fiato sospeso.

Gli unici che non se ne accorgono sono le facce di gomma i criminali vanitosi quelli che non hanno niente da insegnare.

E il vecchio sta in piedi sul davanzale della finestra sospeso nel buio e sembra che ascolti qualcosa.

In effetti c'è un piano che suona lontano dall'altra parte della città.

Una musica che il vecchio ballava nei giorni in cui non si sentiva solo, anzi non era solo e non avrebbe mai pensato di poter essere un giorno così solo.

E nessuno allora gli diceva: "Be', di cosa ti lamenti tanto hai la televisione che ti fa compagnia".

E il vecchio ascolta quel piano lontano, un filo fragile di melodia, e annusa l'aria per capire da che parte viene la musica.

E dondola avanti e indietro e tutti capiscono che sta per buttarsi giù.

E trattengono il fiato e hanno paura.

E il vecchio si butta e precipita ultimo piano nono piano ottavo settimo piano sesto quinto quarto ma ecco che di colpo spalanca due grandi ali nere da uccello.

E si arresta in aria e le sbatte e prende quota e vola in alto tra i palazzi.

E la vecchia coi capelli d'argento dice be' se ci riesce lui ci riesco anch'io.

E si butta e sbatte due ali nere da cornacchia e va dietro al vecchio.

E anche un vecchio con la barba bianca salta giù e apre due ali da gabbiano, strilla, picchia nel muro dei palazzi, perde penne e la dentiera ma vola anche lui.

E anche il bambino allora si butta ma ha delle ali piccolissime, non sa usarle, sta precipitando e...

...arriva il vecchio e al volo lo prende in spalla e lo porta via verso quel piano che suona lontano.

E diventano piccoli piccoli mentre scompaiono nella luce della luna.

E lasciano soli quelli che avevano detto di non lamentarsi perché si sentivano soli.

E le facce di gomma e i criminali vanitosi e quelli che non hanno niente da insegnare.

Quelli che non ascoltano un piano lontano di notte, e non credono che i vecchi possano avere le ali, né che uno possa sentirsi solo davanti a una televisione.

Quelli che forse non salteranno mai giù da un ultimo piano.

Ma se lo faranno... nessuno volerà a salvarli.

Mademoiselle Lycanthrope
(a una o tre voci)

Una donna, illuminata da un raggio di luna.

Io sto alla finestra e la aspetto.

A volte c'è la nebbia e devo scrutare in quel grigio senza distanze, mi sembra di vederla e invece è solo un fantasma, un riflesso del mio desiderio.

A volte vedo nuvole dense e io ho paura che lei si impigli in quella foresta di vapori e tuoni, e non riesca a raggiungermi.

A volte d'estate sento già dal mattino la sua voce luminosa che mi chiama.

E d'inverno non resisto, quando è notte corro nella neve, le vado incontro, so che è là, oltre le cime aguzze degli alberi.

Ma anche se sono dentro una stanza, mi basta una finestra socchiusa, un tremore latteo sul pavimento, un filo di luce dalla porta e io so che è arrivata.

E la mia vita povera come quella di tutti, al-

l'improvviso si incendia di dolorosa meravi-
gliosa passione...

E il mio cuore batte forte perché lei è tornata.

LA LUNA.

Sì, le prime volte non ero felice.

I vestiti ad esempio non avevo capito come
fare, si laceravano, si stracciavano e io non ero
ricca, non potevo comprarne di nuovi ogni volta, e mia madre si arrabbiava. Sì, mia madre è
stata il primo problema, non poteva capire subito che era la mamma di UNA... già è difficile
essere la mamma di UN... di UNA anche di più.
Cosa fai con questi vestiti sfondati, le maniche
stracciate, ma dove vai, ma qual è l'uomo che
ti riduce così? Mamma, non posso dirtelo, sono caduta... un incidente, oh mamma lasciami
stare.

Ma non ci ha messo molto a capire. Perché
il sangue è sangue.

Una lacrima, una sola, e poi le ha nascoste.
E rammendava i vestiti, li aggiustava con pa-
zienza, e una volta ho visto che aveva lasciato
sul fondo della gonna un'apertura apposta per
la... insomma, aveva capito tutto la mamma.

E non era facile da accettare.

La prima volta quando succede non lo sapete dominare, avete paura, si grida, ci si dimena, si sbava, no, urlavo, non sono io quella. Mi sono vista allo specchio, ho avuto orrore. Le mani diventano... minacciose, certo, anche una mano di donna piccola e gentile può premere un grilletto, ma delle mani così feroci, così inadatte a gesti teneri... poi si impara... E... anche i denti, la prima volta non è facile accettarli. Poi si impara a fare tutto con maggiore calma, con un'ironia un po' amara, diciamo pure... con eleganza.

Il naso ad esempio ci si abitua, è sempre un po' umido ma l'olfatto aumenta, è un potere inebriante, e i denti insomma... basta lavarli sempre e smussarli con una limetta e poi tenere la bocca chiusa, si assume un'espressione seria, un po' altera, professorale.

Il pelo... cresce dappertutto, è ispido e pungente, non è certo visone o chinchilla, ma... ha delle belle sfumature... e poi ho imparato che ci sono dei balsami per renderlo lucente... si impara a pettinarlo, ha un suo fascino. Le orecchie... basta farsi crescere i capelli, coprono tutto.

Il vero problema è la coda. Nei primi tempi è una nemica, cammini e ci inciampi, sei in pubblico e ti accorgi che sporge da sotto il mantello, se la tieni dietro sembra un fagotto informe, davanti sembri incinta, allora si impara a tenerla lungo la gamba, a sinistra o a destra, lo si dice al sarto.

Certo, esistono sartorie apposta per noi.

Non necessariamente sono lican... sono come noi, a volte si fanno i fatti loro, gli piace fare un lavoro fuori dalla routine.

Il mio dice: è una grande soddisfazione vestire una creatura come lei... così dice. Una volta ci ha anche provato. Certo, c'è chi ti rifiuta. I medici, guai a farti visitare. Ma cosa sono questi graffi... e che strane pupille! E poi la gente, basta che veda la nostra ombra, che senta il nostro respiro, ed ecco la polizia alle calcagna, le guardie giurate, le ronde, gli inservienti dei circhi... e i giornali... i loro titoli... diventiamo yeti, pantere, alieni... albanesi quando va bene... e parte la caccia... come se fossimo... delinquenti... solo perché ogni plenilunio...

[*ride*] Lo so cosa pensate: adesso ci rifila la storia della licantropa buona che non uccide nessuno. No... non nego la mia natura.

Ma ho delle regole. Come voi umani mi mangio la parte del mondo che mi spetta. Voi non mangiate gli uccellini o i gatti ma schiantate centinaia di esseri, è la regola. Io non sbrano bambini, è la prima regola del buon licantropo... e neanche gli anziani, e non perché la carne è coriacea ma perché... è troppo facile prenderli... e le donne no, solidarietà femminile...

anche se certe ministre... E allora? Io mangio manager sui quarant'anni, preferibilmente filogovernativi. Prima di mangiarli parlo un po' con loro. Cosa ne pensano di chi non produce, dei deboli, dei diversi... del loro zoo di animali inferiori.

Appena esce la luna divento agitata e mi dicono: ma cos'hai, c'hai le tue cose? Sei in quei giorni?, sì, dico, anzi sono in quella notte.

Chissà cosa mi farai, allora...

[*ringhiando*] Neanche lo immagini...

Di cosa sanno? Di tacchino affumicato alcuni... altri di pollo... altri di pesce, ecco, tipo sushi. Non ci credete? Va bene, sono una bugiarda, vi ho mentito. Non saprete mai di cosa mi cibo. A meno che non ci incontriamo...

Avete più paura di me che di un soldato armato di tutto punto? Vi fa specie perché sono una donna? Solo gli uomini possono fare i mannari?

Io non obbedisco a nessuno.

Io non uccido in nome di nessun Dio.

Io sono una ballerina.

Voi non sapete come i nostri movimenti animaleschi, sghembi, rapidi, possono diventare una danza. Ah... sento che sta per arrivare. [*guarda in alto*]

LA LUNE LA LUNE NE GARDE AUCUNE RANCUNE...

Che brivido nelle mie ossa.

Lo so cosa volete sapere. La mia vita... sentimentale.

Be', è complicata. La vostra è semplice?

Animalesca? Be', non vado ad annusare gli uomini da dietro, se è questo che volete sapere.

Cerco l'amore. Come tutti, da Cenerentola a Godzilla.

Certo, bisogna trovare uno che ami il genere.

Una volta becco un punk satanista cattivo coi piercing. Ai primi peli che mi son spuntati se l'è fatta addosso.

La seconda volta... era una bella notte di primavera. Nel bosco c'era odore di legna umida e resina. E tra i rami una luce, fuoco di camino. Veniva da una casetta coi nani di gesso in giardino, e il dondolo sotto il pergolato di glicini. Che stordimento i glicini, per il mio naso. E lui è uscito, un agreste contadinello con gli occhi neri. Con tutta la malinconia della sua giovinezza un po' solitaria. E io timida lo spiavo tra albero e albero.

E lui deve avermi sentito perché mi ha chiamato.

LUPA? SEI UNA LUPA?

Sono scappata, ho avuto timidezza, anzi, paura, paura di non essere abbastanza bella o brutta o sorprendente, e quella voce curiosa LUPA LUPA, sono scappata.

La sera dopo mi sono avvicinata e il dondolo cigolava forte e non c'erano solo i suoi piedi a sporgere ma anche dei piedini di donna e li ho visti, insieme.

E i miei denti hanno fatto rumore di sciabola e le mie unghie sono uscite come pugnali e ho ululato e...

Non potevo... non potevo.

La gelosia è per i lupi, la vendetta per gli uomini.

L'ha sposata, è ingrassato e la picchia una volta alla settimana. E il mostro ero io.

No, non è facile la mia vita. L'altra notte avevo calcolato male le fasi lunari, ero in piazza tranquilla a una serata per pecore, una serata un po' pallosa, sapete quegli eventi che le amministrazioni regalano alle loro pecore votanti, ed erano tutte un po' sbronze e si spintonavano e belavano. Sul palco c'era un comico-pecora che diceva battutacce e giù risate pecorili e dopo c'era un cantautore pecora nera, e io ero lì in mezzo a tutti, sapeste che odori meravigliosi di ascelle e carne frolla e la pecora nera grida: su sorelle e fratelli, accendete l'accendino che siamo in diretta, *fatto*? Benissimo adesso dedichiamo un pensiero all'Africa, *fatto*? Benissimo e adesso mandate un messaggio col telefonino a una pecora che amate, *fatto*? Benissimo e adesso guardate la luna e cantate con me. Ho guardato anch'io accidenti era luna piena, permesso permesso... ho sentito la bufera nel sangue e permesso, ho fretta, fate passare. E due o tre caproni mi dicevano ma dove vai sfigata, ehi bella gnocca dove scappi, scusate non sto bene e ho cominciato a tremare, guarda là è drogata e mi spuntavano i peli cazzo ma di cosa ti sei fatta? E ho cercato di nascondermi ma c'avevo i caproni dietro che mi seguivano e mi prendevano in giro perché camminavo storta e dicevano: ma dai che ti facciamo stare bene, ma cosa sei bianca, nera? Sei una nera di merda? Dai che ti facciamo godere, un altro dai che la riempiamo di botte. Mi sono voltata e ho detto: vi piace l'odore del sangue?

Anche a me. [*ringhia*]

Sono scappate le pecore e io ho ululato e ha ululato anche la sirena della polizia, mi sono nascosta dietro a un cassonetto della spazzatura che vergogna e la luna sopra di me come una febbre e verso la mattina un vecchio magro, spiritato, mi ha visto, ha chiesto: le serve qualcosa, sta male? Grazie ho detto, passerà.

Sì, passerà, mi ha detto il vecchio, anch'io sono come lei. Anche lei? Sì, da tanti anni. Ho preso tante botte, sono scappato tante volte. Ci farà il callo, bisogna abituarsi, ci si abitua. Era un vecchio con uno sguardo buono. Le sopracciglia bianche. Viene il giorno, mi ha detto, che non si uccide più. Si lascia che siano gli altri a uccidere.

Non capivo.

Ora lo so.

E così sto alla finestra e aspetto.

Mi sento un po' sola chiusa qui.

Ma un giorno magari mi metterò un mantello di raso nero e una rosa di seta e scarpe con la fibbia di Fauré.

Oui, je suis Mademoiselle Lycanthrope.

Volete camminare con me signore, per le vie della Parigi notturna? È una notte di luna quasi piena e noi quasi ci ameremo.

Nessun urlo o ululato o macchia di sangue per strada.

Solo una vaga malinconia.

La luna la luna, è una severa maestra.

Anche stasera non uccidiamo. Balliamo.

Domani forse, qualcuno ci ucciderà.

Quello che non voglio
(una canzone per Fabrizio De André)

Io non voglio morir cantante
Se al buon sonno del padrone
Servirà la mia canzone
A gola storta voglio cantare
Ringhio di porco e romanze nere
Voglio svegliarvi col fiato ansante
Io non voglio morir cantante

Io non voglio morire poeta
Di ogni passione sceglier la dieta
Gioie, amorini e dolori piccini
Da imbalsamare dentro il rimario
Della giuria al valor letterario
Coda di sangue ha la mia cometa
Io non voglio morir poeta

Io non voglio morir artista
Accucciato come un vecchio cane
Sotto il trono del re di danari
Tra leccaculi e cortigiane

Che alle mie rughe voglion rubare
Fiori di gelo, dolore e fame
Li accechi il fuoco della mia vista
Io non voglio morire artista

E io non voglio morire libero
Se i begli alberi del mio giardino
Annaffia il sangue del mio vicino
Meglio la peste che l'ipocrita danza
Di vostra santa beneficenza
Chiudete la cella lasciatemi stare
Di libertà vostra non voglio morire

Io non voglio far altro che vivere
Tra una corda e l'altra saltando
Dentro la cassa di una viola da gamba
Voglio ascoltare le voci di fuori
Ringhio di porco voce di dama
Tamburo indio amore che chiama
E voci spezzate di cento popoli
Che dalla mia terra non voglio scacciare
Io voglio vivere, non ho altro da fare

Io non voglio che mi ricordiate
Nel trionfo, ma nella mia sera
Nelle cose che dissi tremando
In ciò che suonai con paura
Povere genti che ai menestrelli credete
Dimenticarvi di me non potrete

E io di voi scordarmi non posso
Dentro un tramonto feroce e rosso
Dentro un cielo di sangue e vino
Ascoltate come sembra il primo
L'ultimo accordo che io imparai
Io non voglio, non voglio morire
E a morire non riuscirò mai.

Nota dell'autore

Beatrici è uno spettacolo-laboratorio tenutosi al Teatro dell'Archivolto, a Genova, in cui cinque giovani attrici di talento hanno messo in scena monologhi inediti.

Precisamente, Gisella Szaniszlò nel ruolo di BEATRICE; Elisa Marinoni LA PRESIDENTESSA; Valentina Chico L'ATTESA; Alice Redini LA MOCCIOSA; Valentina Virando LA SUORA INDEMONIATA.

Gisella, Elisa e Alice hanno anche interpretato a tre voci *Mademoiselle Lycanthrope*.

Un sesto monologo più lungo, *Vecchiaccia*, andrà in scena per la voce di Anita Caprioli.

Insieme ai monologhi femminili ci sono anche poesie e ballate scritte in una decina di anni: fanno parte di uno spettacolo, *Apparizioni*, che l'autore ha portato in scena con Paolo Damiani, Niclas Benni, Gianluigi Trovesi e altri musicisti amici.

La canzone per De André era stata scritta

per un disco, ma Fabrizio ha deciso di suonare altrove.

Lo spettacolo *Beatrici* è stata l'occasione per mostrare che esistono giovani attrici italiane di talento e non necessariamente devono essere ingoiate dalla televisione.

Indice